덜어내는 걱정 책

레이첼 브라이언 지음 · 노지양 옮김

THE WORRY (LESS) BOOK

Copyright © 2020 by Rachel Brian
Cover illustration copyright © 2020 by Rachel Brian
Cover design by Jenny Kimura
Cover copyright © 2020 by Hachette Book Group, Inc.
This edition published by arrangement with Little, Brown and Company, New York, NY.
All rights reserved.
Korean translation copyright © 2021 by Book21 Publishing Group
Korean translation rights arranged with Little, Brown and Company
through EYA(Eric Yang Agency)

이 책의 한국어판 저작권은 EYA(Eric Yang Agency)를 통한 Little, Brown and Company 사와의
독점계약으로 (주)북이십일이 소유합니다.
저작권법에 의하여 한국 내에서 보호를 받는 저작물이므로 무단전재 및 복제를 금합니다.

지음 레이첼 브라이언
옮김 노지양

1판 1쇄 발행 2021년 6월 9일
1판 11쇄 발행 2025년 10월 22일

펴낸이 김영곤 **펴낸곳** (주)북이십일 아울북
TF팀 김종민 신지예 **마케팅** 정성은 김지선
디자인 김단아
영업 정지은 한충희 장철용 강경남 황성진 김도연 이민재
제작 이영민 권경민 **해외기획** 최연순 소은선 홍희정

출판등록 2000년 5월 6일 제406-2003-061호
주소 (우 10881) 경기도 파주시 회동길 201(문발동)
대표전화 031-955-2100 **팩스** 031-955-2177
홈페이지 www.book21.com

ISBN 978-89-509-9529-4 73330

- 모델명: 걱정 (덜어내는) 책
- 제조연월: 2025.10.22. • 제조자명: (주)북이십일
- 주소 및 전화번호: 경기도 파주시 회동길 201(문발동) / 031-955-2100
- 제조국명: 대한민국 • 사용연령: 5세 이상 어린이 제품

• 책값은 뒤표지에 있습니다.
• 이 책의 내용의 일부 또는 전부를 재사용하려면 반드시 ㈜북이십일의 동의를 얻어야 합니다.
• 잘못 만들어진 책은 구입하신 서점에서 교환해 드립니다.

환영합니다!

이 책은 걱정거리가 있는 사람을 위한 책이에요.
그러니까…… 우리 모두를 위한 책이죠!

이 책이 **할 수 있는** 것

이 책이 **할 수 없는** 것

 그런데 잠깐, 불안이 뭐지?

불안은 우리가 느끼는 **감정**입니다.

 즐거움 또는  화 또는  기대 처럼요.

그게 어떤 느낌이냐면요,

   으아악!

걱정되고 긴장되거나 두려워지죠.

불안은 위험을 미리 알려 주지만, 마음을 굉장히 **불편**하게 만들어요!

지금 여러분의 마음은 어떤가요?

걱정거리가 조금 있나요? 　아니면 　온갖 일이 모두 다 부담스럽게 느껴지나요?

이 책은 그런 여러분을 도와줄 수 있어요.

불안이란 감정을 이해하고,

불안이 자연스러운 감정임을 알려 주고,

마음을 진정시키는 방법을 찾아보는 거죠.

1장 우리 몸은 위험을 미리 알려 줘요

우리는 하루에도 몇 번씩
기분이 좋아졌다가 나빠져요.

그리고 **모두가**
때때로 불안하고 예민해져요.

불안은 우리 몸에 심어진 경보 장치입니다.
위험을 미리 알려 주지요.

우리 두뇌가 위험을 **미리 알려 주려고**
가끔 이 경보 장치를 시끄럽게 울려요.

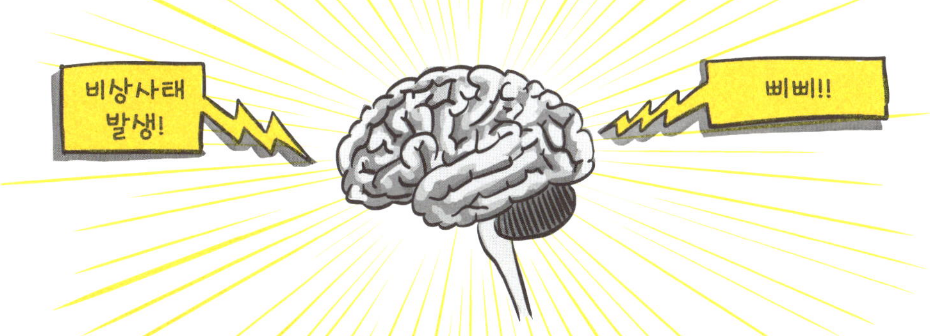

불안은 때에 따라 조금씩 다르게 느껴질 수 있어요.

아마 이런 기분이 들 거예요.

이런 기분이 언제나 반가울 수는 없지만
어떤 불안은 도움을 주기도 한답니다.

뇌가 보내는 경고 신호는
우리를 **안전하게**
보호해 주거든요.

하지만 불안이 **너무 커지면**
우리 일상을 방해하지요.

또, 가끔은 아무 이유 없이
그냥 불안해질 때도 있어요.
지금 당장 걱정할 일이 없는데도요.

불안할 때는 대개 **원인**이 있지요.
하지만 정확한 원인을 모를 때도 많아요.

언제, 무엇 때문에 불안해할지를 선택할 수는 없어요.

어떤 사람은 다른 사람들보다 더 자주, 더 심각하게 걱정하는 성격을 가지고 태어났지요.

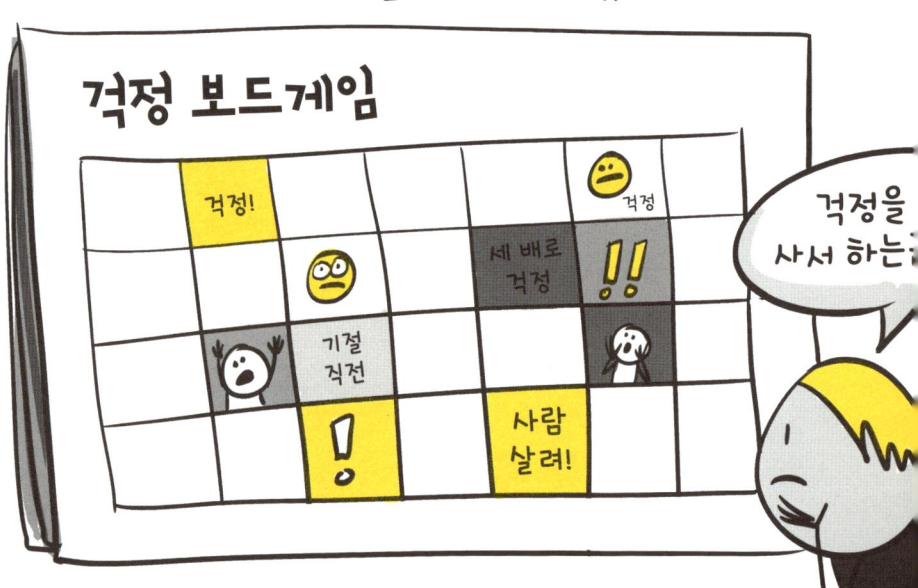

또 여러분이 느끼는 불안은
커졌다가 작아졌다가 **몸집이 계속 변해요.**

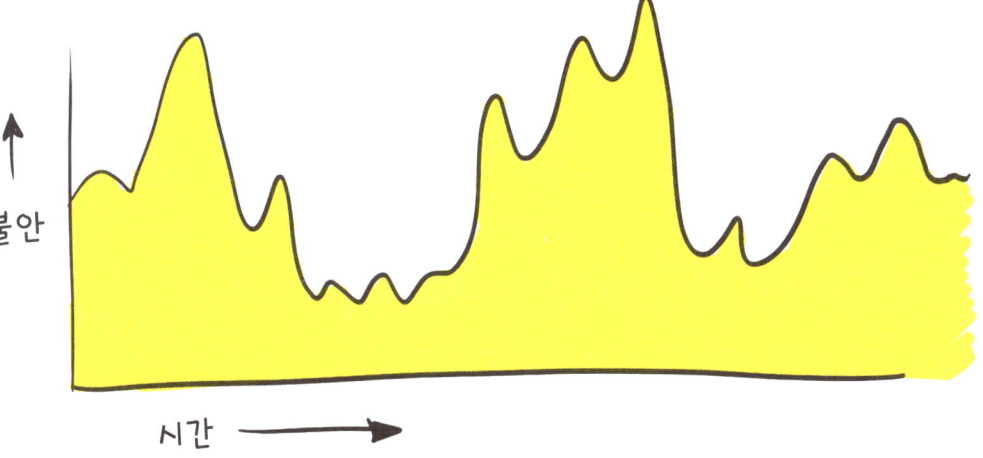

하지만 걱정을 많이 한다고 잘못하거나 틀린 건 아니에요.

뉴스 속보!

가끔은 아주아주 갑자기
강력한 불안이 우리를 찾아와요.
이것을 **공황 상태**라고 부르죠!

"나도 이런 적 있어."

어마어마하게 커다란
두려움과 공포를 느끼고

"꼴깍"

우리 몸까지
반응할 때도 있어요.

"심장이 조여드는 것 같아."

"그래도 걱정하지 마. 공황 상태처럼 무시무시한 느낌이 찾아와도 우리 몸이 잘못되진 않으니까."

"맞아. 내가 왕창 쌓여서 그런 거야."

2장 불안과 인사를 나눠요

불안의 진짜 모습을 잘 모를 때
이 감정은 매우 불편하게 느껴지죠.

하지만 불안에 대해서 알면 알수록
덜 무서워진답니다.

때로 불안은 우리 생각 속에서 점점 커다랗게 부풀어요.

한 가지 일에 푹 빠져 걱정할 때 특히 더 그렇죠.

어떤 걱정들은 하루 종일 머릿속을 맴돌고
심지어 걱정했던 일이 끝나도 사라지지 않아요.

불안은 우리가 느끼는 감각으로 모습을 드러내요.

이런 증상을 한 가지만 느낄 수도 있고,
하나도 안 느낄 수도 있고, 모두 느낄 수도 있어요!

과학 코너

불안은 **우리 몸**을 어떻게 바꿀까?

우리 몸은 불안을 느끼면 **스트레스 호르몬**인 **아드레날린**을 분비해요.

이 호르몬은 숨을 가쁘게 하고 심장을 빠르게 뛰게 해요. 잔뜩 화난 너구리를 피해야 할 때는 매우 도움이 되죠.

하지만 편안한 기분으로 잠을 자고 싶을 때 이런 느낌이 찾아오면 반갑지 않아요.

불안을 느끼면 무언가 **크게 잘못되었다**는 생각이 들기도 해요.

나쁜 기분은 시간이 흐르면 사라진다는 걸 기억하세요.

때로는 불안이 언젠가 끝나고, 위험하지 않다는 사실을 깨닫기만 해도 안심이 되지요.

우리가 절대로 하지 말아야 할 일은
걱정에 대해서 걱정하는 거예요!

뱅글뱅글 걱정 감옥에 갇히길 바라는 사람은 아무도 없겠죠?

- 걱정 시작!
- 안 돼! 걱정하면 안 된다고.
- 내가 너무 많이 걱정하나?
- 내가 너무 많이 걱정하는 건 아닌지 걱정이 돼.

불안을 느낄 때 **어떻게 반응하느냐**는 사람에 따라 달라요.

불안이 어떤 모습을 하고 나타나더라도
알아챌 수 있다면,

더 쉽고 간단하게 대처할 수 있어요.
마음의 준비가 되어 있으니까요.

뉴스 속보!

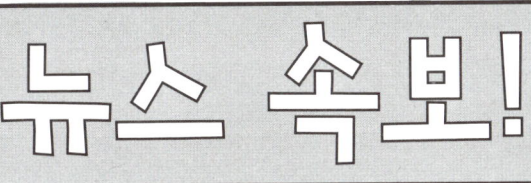

이런 것도 걱정인가요?

> 불안한 건 당연하고 필요한 일이라지만, 나는 걱정을 너무 많이 한다고요.

인간과 동물에게는 주위 환경에 적응할 수 있는 멋지고 유용한 도구가 많아요.

하지만 어떤 본능은 우리를 약간 힘들게 만들기도 해요.

불안도 똑같아요. 본능적이고 자연스러운 것이지만, 마음대로 다룰 수 있는 건 아니거든요.

3장 불안은 우리를 방해해요

자, 이제 여러분은
불안을 **알아챌 수** 있어요.

(참 잘했어요!)

이제 불안이 우리를
어떻게 방해하는지 알아볼 시간이에요!

불안이 크고 작은 문제를 일으킨다는 걸
어떻게 알 수 있을까요?

궁금하다면, 스스로에게 질문을 던져 보세요.
지금 나에게 중요한 일을 하고 있나요?

불안이 너무 크게 느껴지거나 너무 자주 찾아오면, 우리가 진짜 하고 싶은 일을 하기 어려워져요.

불안이 찾아오면
우리에게 여러 문제가 일어나거든요.

밤에 잠을 못 자고,

또 **학교생활이 흐트러지고,**

또 **친구 사귀기도 어려워지죠.**

불안이 문제를 일으키고 있는지
알아보는 가장 좋은 방법은······

무엇을 피하고 있는지

살펴보는 거예요.

혹시 이런 것들을 피하고 있지 않나요?

| 학교 가기 | 중요한 대화 |

친구와 어울리기

그렇다면 너무 많은 불안과 걱정을 안고 사는 걸지도 몰라요.

한 쪽 만화  만약 이런 일이 생긴다면?

내 상상 속에서는 최악의 일이지만,
막상 일어나면 아무렇지도 않을 때가 많아요.

4장 우리 몸이 보내는 신호를 살펴요

불안 때문에 몸과 마음이 자꾸 가라앉는다면 기분을 달래고 불안에서 벗어나게 도와줄 나만의 방법을 찾아보세요.

바로……
불안 수리 상자를 열어 보는 거예요.

자, 먼저 **가장 쉬운 방법**부터 시작해 봅시다.

지금 기분이 좋지 않아 보이는 친구들이 있군요.

기분이 나아지는 법은 여러 가지예요.

여러분의 몸이 화분 속 나무라고 생각해 보세요. 그럼 무엇이 필요할까요?

맞아요.

우리가 정성껏 돌볼수록 식물은 건강하게 잘 자라죠.

잘 돌보지 않으면 시들어 버리고요.

우리 몸도 식물과 마찬가지랍니다.

기분이 좋으려면 기본적인 조건이 갖춰져야 하죠.
그리고 이런 것들이 부족하면……

우리는 모두 다르기 때문에
기분이 좋아지는 방법도 다 달라요.

기분이 나쁠 때는 이런 질문을 떠올려 보세요.

나는 뭘 해야 기분이 좋아지더라?

과학 코너

너무 쉬운 방법인데, 과연 우리에게 도움이 될까요?

피곤하거나,
배고프거나, 목마르거나,
너무 덥거나, 추울 때
우리 몸은 어디가
잘못되었는지 알려 줘요.

우리 머릿속 경보 장치가
시끄럽게 울리지요.

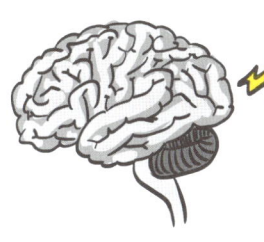

작동 시작.
괴로워하기
단계 진입!

그럴 때 우리 몸이 필요로 하는 걸
약간만 채워 주면
경보 장치는 다시 조용해진답니다.

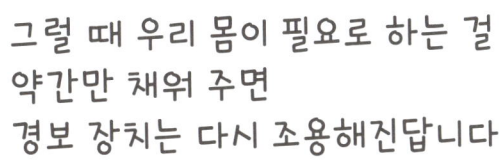

내가 착각한 거야?
다행이야.
그럼, 난 좀 쉴게.

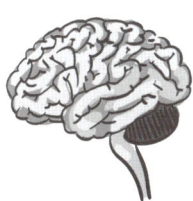

현상 수배

불안을 더 크게 키우는 범인들

카페인

엄청 단 간식

컴퓨터나 핸드폰 오래 하기

이러한 악명 높은 골칫덩이들을 피하십시오!

이 범인들과의 만남을 줄이면 **어마어마한 현상금**을 받을 수 있습니다.

그건 바로……
몸과 마음의 편안함!

뭐라고요?
앞에 나온 모든 방법을 시도했는데
아직도 불안하다고요?

걱정 마세요.
우리 마음을 편안하게 해 줄
방법들은 많이 있으니까요.

5장 두뇌를 훈련해요

안타까운 일이지만, **우리는 두뇌를** **마음대로 움직일 수 없어요.**

우리 몸을 마음대로 통제할 수 없는 것과 마찬가지예요.

하지만 깊은 불안 속에
푹 빠져 허우적거릴 때도
빠져나올 방법이 있어요.

몸과 마음의 균형을
잡아 주는 방법은
아주 많이 있거든요.

불안 수리 상자 속에 담긴
해결법 몇 가지를 알려 줄게요.

이 수리 상자 안에는
너무너무 불안할 때
우리를 진정시켜 주는
도구들이 들어 있어.
기분이 나아지고,
자신감이 솟는 방법
몇 가지를 소개할게.

| 어떤 효과가 있을까? | 심호흡의 좋은 점 |

불안은 자동차 액셀과 비슷해요.

호흡이 가빠짐.

아드레날린 분비!

심장 박동이 빨라짐.

점점 더 초조하고 긴장됨.

그리고 **심호흡**은 자동차 브레이크와 비슷해요.

기분이 나아졌어.

미주 신경 자극!
(잘했어요!)

심장 박동이 느려짐.

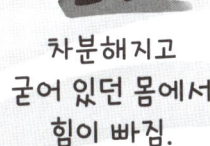

차분해지고 굳어 있던 몸에서 힘이 빠짐.

도구 2.
몸을 한곳에 고정시키기

시작 → **눈에 보이는 물건 5가지 찾기**

예) · 창문
· 노란색 카펫
· 내 손바닥
· 파리
· 너덜너덜해진 반창고

· 베개
· 공기
· 내가 앉아 있는 바닥
· 아까 그 너덜너덜해진 반창고

손으로 만질 수 있는 물건 4가지 찾기

귀에 들리는 소리 3가지 찾기

· 귀뚜라미 소리
· 내 숨소리
· 누군가의 트림 소리

냄새나는 물건 2가지 찾기

· 연필 냄새
· 양말 냄새
(웩!)

먹을 수 있는 음식 1가지 찾기

· 아침에 만든 샌드위치
(참치 듬뿍!)

어떤 효과가 있을까?

불안할 때 우리 마음은 초조해지고, 머리는 온갖 생각으로 가득 찬답니다.

그럴 때 우리 몸의 감각을 한곳에 집중시키면 안정을 되찾을 확률이 높아지죠.

"쉬는 시간 줘서 고마워!"

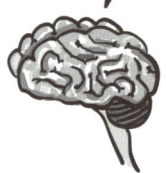

도구 3.
걱정 일기 쓰기

연필을 들고
머릿속에 떠오르는
걱정을 빠짐없이
적어 보세요.

그런 다음
친한 친구나
믿을 수 있는
어른에게
보여 주세요.

아니면
종이에 적은 것들은
나중에 걱정하기로
계획을 세울 수도 있어요.
그렇게 하면 순간적으로
마음이 편해지거든요.

어떤 효과가 있을까?

걱정거리들을 내 눈으로
직접 하나씩 확인하면,
사실 별일이 아니라는
생각이 든답니다.

도구 4.
온몸의 힘 빼기

1 누워서 천천히 숨을 쉬어요.

2 발가락부터 힘을 빼요.
10초 동안 발가락에 힘을 줘서 몸 쪽으로 끌어당겨요.
그다음 10초 동안 천천히 힘을 빼는 거예요.

3 온몸의 근육에 힘을 줘서 단단하게 만들었다가 힘을 죽 빼 보세요.

4 배와 눈꺼풀, 그리고 그 사이에 있는 모든 근육 하나하나에 집중하세요.
(엉덩이도 잊지 말 것!)

어떤 효과가 있을까?

불안할 때는 보통 근육이 오그라들면서 딱딱해져요.
근육을 조였다 푸는 연습을 하면
우리 몸의 근육이 부드럽게 풀어지지요.

도구 5.
상상하기

머릿속에서 괴로운 생각이
떠나지 않는다면
평화로운 장소에 있는
나의 모습을 상상해 보세요.

어떤 풍경이 보이나요?

어떤 소리가 들리나요?

어떤 기분이 드나요?

어떤 향기가 나지요?

어떤 효과가 있을까?

무언가를 상상하면, 우리의 뇌는
이 상상을 진짜처럼 느낀대요.
평화로운 장소를 떠올리는 것만으로도
복잡한 머리를 쉬게 할 수 있어요.

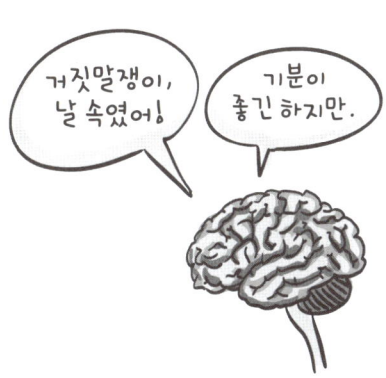

도구 6.
부정적인 생각 몰아내기

우리의 머릿속 생각이 모두 사실인 건 아니에요.

우린 망했어. 망했다니까. 확실해!

아닌데? 우린 괜찮아. 진짜야.

부정적인 생각이 계속 사라지지 않는다면
이런 질문을 떠올려 봐요.

1 그 일이 정말로 일어날까?

2 만약 그 일이 실제로 일어난다면 어떻게 행동할까?

어떤 효과가 있을까?

우리가 걱정하는 일은 실제로 일어날 확률이 낮아요.
그리고 그 일이 정말로 일어났을 때
어떻게 대처할지 생각하는 것만으로도
불안은 줄어들고 자신감이 생기기 마련이에요.

앞서 소개한 6가지 도구는
여러분을 불안에서 벗어날 수 있도록 도와줄 거예요.

그 밖에도 매일 사용할 수 있는
도구들이 많이 있답니다.

7

운동하기

매일 30분 정도
운동을 하면
우리 몸이 불안을 다스리는 데
크게 도움이 되지요.

8

나를 정말 아끼고 좋아해 주는 사람과
대화를 나누어 보세요.

내 이야기를
잘 들어 주는
사람

유대감 쌓기

도와줘.
물론이지.

코드 빼기

자연 속에서
아무것도 하지 않고
시간을 보내요.

9

6장 안전지대를 넓혀요

너에게도 안전지대가 있니?

안전지대란 우리에게 가장 익숙하고 편안한 곳을 말하지요.

침대는 내 친구!

어떤 안전지대는 넓고 풍성해요.

어떤 안전지대는 좁고 소박해요.

새로운 취미 배우기
색다른 음식 먹어 보기
모험하기
새로운 사람 만나기
의견 나누기
내 생각은······

강아지와 놀기
영화 보기

이제까지 머물렀던 안전지대에서 걸어 나와 새롭고 흥미로운 일에 도전해 보세요. 재미는 늘어나고 보람은 커질 거예요.

안전지대에서 벗어나면 처음엔 **불편하고 힘들 수도 있어요.**

하지만 여러분의 불안 수리 도구들이 한 걸음 나아갈 수 있게 도와줄 거예요.

안전지대를 넓히는 가장 좋은 방법은 뭘까요?

나를 **불편하게** 만들었던 일에 하나씩 도전해 보는 거죠!

불편한 마음을 참고 견디면 익숙해질 수도 있어요.

휴, 힘들었지만 일단 시작했고 끝까지 해냈어! 이 정도면 칭찬 받을 만해.

그러면 어떤 상황에서도 심하게 불편한 마음이 들진 않을 거예요.

자신감 충전!

두 쪽 만화

강아지 하비의
멋진 도전

어느 날은 바람에 흔들리는 키 큰 나무를 보고 깜짝 놀라기도 했지요.

7장 실패와 친해져요

우리에게 불안을 일으키는 일들은 너무나 많아요.
하지만 불안의 원인은 대부분 비슷하지요.

그건 바로
실패에 대한 두려움
이에요.

그런데 알고 있나요?
우리는 원래 성공하기 전에 아주 **여러 번** 실패한답니다.

첫 단어

첫 걸음마

처음으로 신발 끈 혼자 묶기

첫 번째 농구 연습

겁내지 않기

배우고 성장하려면 때로는 위험을 감수해야 해요.

목숨이 걸린 큰 위험에 도전하라는 건 당연히 아니에요.

안대를 한 채 생선 토막을 손에 들고 상어가 우글거리는 바다에서 헤엄치면 절대 안 돼요.

우리 주위에는 처음에만 약간 긴장되고 떨리는 안전한 모험들이 많으니까요.

안 먹어 본 음식 먹기

외국어 배우기

댄스 수업 듣기

자전거 타기

너무나 많은 사람이
완벽해 보이기 위해 애를 써요.
(특히 인터넷 세상에서요.)

♥ 750

♥ 1,025

1분 후……

하지만 어렵고 불안하고 슬프고 안타까운 순간들은 모두에게 있답니다.

그런 건 인터넷에 안 올릴 뿐이지.

사람들은 어째서 **실패를 감추고** 말하지 않을까요?

기쁜 소식을 알려 줄게요.

너도 나도 진짜로 괜찮은 사람이야!

그러니까……
지금 이대로도 충분해요!

<좋아요 1>을 엄마에게 받아도,   성적이 떨어졌어도,   실수를 했어도,

다 괜찮아요!
이 세상 모두가 완벽하지 않거든요.

완벽한 사람이 된 모습을 상상해 봐. 너무너무 지루할걸?

완벽해야 한다는 생각만 내려놓으면
불안이 훨씬 줄어들어요.

이 말을 꼭 기억하세요.
**어려움은 내 인생의 한 조각일 뿐이에요!
우리는 다시 일어나면 돼요.**

8장 도움을 받아요

불안이 너무 커졌다면, 혼자 해결하려고 애쓰지 말아요!

도움을 줄 사람들이 여러분 곁에 있으니까요.

상담사

심리학자

그리고 어쩌면 약을 처방해 줄 정신과 의사까지!

인터넷에도 도움이 되는 자료가 많답니다.

상담 관련 홈페이지

cyber1388.kr (청소년사이버상담센터)
teentalk.or.kr (청소년모바일상담센터)
www.peer.or.kr (청소년또래상담)

뉴스 속보!

불안하다고 말했을 때
모든 사람이 이해해 주는 건 아니에요.

어떤 사람들은 짜증을 내기도 하고, 놀리기도 하고,
때로는 화를 낼 거예요.

불안해하는 친구 지지하는 법

- 판단하지 않고 이야기 들어 주기
- 이해하려고 노력하기
- 어떤 도움을 받고 싶은지 물어보기

여러분은 여러분의 불안보다 더 크고 멋진 사람이에요.

이 사실을 꼭 기억하세요.

나는 불안해하는 경향이 있어.

하지만 나는······

- 의리 있는 친구야.
- 맛있는 치즈 샌드위치를 만들 줄 알아.
- 스케이트보드를 잘 타.
- 스케치북에 예쁜 그림도 많아.
- 나 자신을 믿어.

불안과 함께하면서도
얼마든지 용기를 낼 수 있어요.

용감하다는 건

두려움이나 걱정, 불안이 전혀 없다는 뜻이 아니에요.

불안하고 걱정되는 일이 있더라도
나에게 중요한 걸 한다는 뜻이죠.

앞으로 우리에게는
크고 작은 도전 과제가
나타날 거예요.
그것들을 하나씩
해낼 때마다
우리는
더 강하고
더 자신감 넘치는
사람이 된답니다.

감사의 말

로렌조 바타글리아는 불안이라는 주제에 관해 뛰어난 통찰과 창의적인 아이디어를 나누어 주었고, 나의 원고에 더없이 소중한 조언을 건네주었습니다.

에디터 리사 요스코비치는 인상주의 그림 같았던 나의 원고를 체계적으로 정리하고 구성해 주었습니다. 로라 호슬리는 예리한 지적을 보태고 환상적인 제목을 선물해 주었습니다. 그리고 로라 웨스트버그는 냅킨에 아이디어를 끄적이던 나를 구출해 주었지요. 카리나 그란다는 이 책을 너무나 아름답게 마무리해 주었고, 에이전트 몰리는 언제나 그렇듯이 이번에도 이 책의 탄생에 아주 큰 역할을 했습니다.

인지행동학 박사이자 임상 심리학자, 훌륭한 상담가인 엘리자베스 코헨 박사는 꼼꼼하게 피드백을 해 주고 어린이들에게 유용한 전략을 제안해 주었습니다. 수용 전념 치료에 관한 책을 집필한 존 P. 포지스 박사 역시 원고를 검토해 주고, 제게 큰 영감을 주었습니다. 임상 사회 복지사 안젤라 런더는 어린이들이 불안을 어떻게 받아들이는지를 설명해 주었습니다.

불안과 걱정이 어린이들에게 어떤 영향을 끼치는지 롤라와 밀로 바타글리아를 통해 배울 수 있었습니다. 지난한 작업을 같이 견뎌 주어 감사할 따름입니다. (엄마가 피자만 시켜 줘서 미안!) 마이크 아라우호는 작은 아이디어를 책으로 탄생시키는 과정에서 어려움을 겪는 나에게 균형감과 평정심을 되찾게 도와주었습니다. (때로는 방해하기도 했지만.)

마지막으로 불안이 찾아올 땐 따스하게 포옹하듯 받아들이고, 불안을 곁에 두고도 자기 가슴이 하는 말을 따라 살아가는 용감한 친구, 앤조에게 이 책을 바칩니다.

지은이 레이첼 브라이언

블루 시트 스튜디오(Blue Seat Studios)의 창립자이자 경영자, 애니메이터.
교사로 일하면서 고등학교와 대학교에서 심리학, 생물학, 수학을 가르치기도 했지만, 언제나 아티스트였답니다. '동의'를 설명하는 짧은 성교육 동영상 '동의는 차 마시는 것(Tea Consent)'과 '어린이를 위한 동의(Consent for kids)'를 제작해 유명해졌습니다. 지금은 미국 로드아일랜드에서 아이 몇 명, 강아지 몇 마리, 그리고 파트너와 함께 살고 있습니다.
불안도 우리 삶의 일부니까, 가끔 불안이 찾아와도 괜찮다고 생각합니다.

옮긴이 노지양

연세대학교 영어영문학과를 졸업하고, KBS와 EBS에서 라디오 방송 작가로 활동하다 번역가가 되었습니다.
《동의》,《파워북》,《메리는 입고 싶은 옷을 입어요》,《누가 진짜 엄마야》,《나쁜 페미니스트》 등 80여 권의 책을 우리말로 옮겼고, 에세이 《먹고사는 게 전부가 아닌 날도 있어서》를 썼습니다.